El Arte de Tratar con la Gente

Les Giblin

Copyright © 2011 by Leslie T Giblin

ISBN: 978-1-937094-05-8

All rights reserved.
Reproduction in whole or in part in any manner is prohibited.
Originally published in English under the title:"
The Art of Dealing With People" - ISBN 0-9616416-3-0

This Spanish edition published under license from:
DreamHouse Publishing / Linda@hgml.net

Traducido y producido por:

4630 W Jacquelyn Ave Suite 130
Fresno CA 93722
559.492.9392

Derechos Reservados

No se permite la reproducción total o parcial de este libro ni su incorporación a un sistema informático ni su transmisión en cualquier forma o por cualquier medio, sea éste electrónico, por fotocopia, por grabación u otros métodos, sin el permiso previo y por escrito de DreamHouse Publishing / Linda@hgml.net.

www.EditorialRenuevo.com / info@EditorialRenuevo.com

...el pensamiento condicionado puede hacer que la mente esté alerta y que tenga suficiente poder para cambiar el pensamiento que viene del subconsciente; el pensamiento creativo que conduce al éxito y la felicidad.

Norman Vicent Peale
Thought Conditioners

Contents

Capítulo 1
Pensando creativamente acerca de las relaciones 7

Capítulo 2
Entendiendo el ego del ser humano 11

Capítulo 3
Haciendo que la gente se sienta importante 17

Capítulo 4
Controlando las acciones y actitudes de otros 21

Capítulo 5
Creando una buena impresión 25

Capítulo 6
Desarrollando una personalidad atractiva 29

Capítulo 7
Aprendiendo a comunicarse de manera efectiva 31

Capítulo 8
Escuchando 37

Capítulo 9
Haciendo que la gente esté de acuerdo 41

Capítulo 10
Halagando 45

Capítulo 11
Criticando pero sin ofender 49

Capítulo 1

Pensando creativamente acerca de las relaciones humanas

Todos queremos dos cosas en la vida: ***éxito*** y ***felicidad.***

Todos somos diferentes. Tu idea de éxito tal vez es diferente a la mía. Pero hay *un gran factor* con el cual todos tenemos que aprender a tratar si queremos ser exitosos y felices. El común denominador del éxito y la felicidad es *la otra gente*.

Varios estudios científicos han comprobado que si tú aprendes como tratar con la gente, tú ya tienes el 85% avanzado en el camino del éxito en cualquier negocio, ocupación o profesión, y cerca del 99% de avance en el camino a la felicidad personal.

Meramente llevarse bien no es el secreto. Lo que cuenta es la manera de tratar con la gente porque eso nos trae satisfacción personal y, al mismo tiempo evitamos lastimar el ego de otros. Relaciones humanas es la ciencia de tratar con otras personas de manera que nuestro ego y el ego de ellos permanezcan intactos. Y este es el único método para llevarnos bien con otra gente y que el resultado sea un verdadero éxito.

La razón por la cual el 90% la gente fracasa en la vida es porque fracasa en la manera de tratar con la gente. Mira a tu alrededor. ¿Quién es la gente más exitosa? ¿La más inteligente o la que tiene más habilidades? ¿Son las personas más felices y las que se divierten más en la vida más inteligentes que las personas que tú conoces? Si te pones a pensar por un momento, es probable que digas que las personas que tienen más éxito y se divierten más son las personas que se llevan bien con los demás.

Tus problemas de personalidad son tus problemas con otra gente. Hoy en día hay millones de personas que se sienten inseguras, tímidas, e incómodas cuando se encuentran en ciertas situaciones sociales. Estas personas se sienten inferiores, pero nunca se dan cuenta que el verdadero problema es un problema de relaciones humanas. Nunca les ha pasado por la mente que su problema de personalidad es la razón por la cual han fracasado en el trato con otra gente.

Hay mucha gente que, al menos en la superficie, parece ser lo opuesto de tímida, retraídos. Estos parecen seguros de sí mismo. Estos son "mandones" y dominan cualquier situación social en la que se encuentran, ya sea en el hogar, en la oficina o en el club. Pero no se dan cuanta que hace falta algo. Estas personas se preguntan por qué sus empleados o sus familiares no los aprecian. Estas personas se preguntan por qué la gente no coopera con ganas; por qué es necesario obligar a la gente a que se mantenga "en línea", pero sobre todo, ellos se dan cuanta en sus momentos de más tranquilidad que la gente que ellos quieren impresionar nunca les da la aprobación y aceptación que ellos ansían. Éstos intentan forzar cooperación, lealtad y amistad para que otra gente sea más productiva. Pero lo que estas personas no pueden forzar es lo que más quieren: ellas no pueden forzar caerle bien a la gente. Ellos nunca obtienen lo que quieren porque no han llegado a dominar el arte de tratar con la gente.

Te guste o no, la gente está aquí para quedarse. En nuestro mundo moderno, nosotros simplemente no podemos alcanzar el éxito o la felicidad sin tener en cuenta a otros. El médico, el abogado, o el vendedor que disfruta más del éxito no es necesariamente el más inteligente o el más diestro en su trabajo. La pareja de esposos que es más feliz no es necesariamente la más atractiva. Busca el éxito en cualquier empresa y encontrarás a alguien que ha aprendido a dominar el don de tratar con la gente...alguien que ha aprendido a llevarse bien con todos.

La habilidad es las relaciones humanas es similar a la habilidad en cualquier otro campo, en que el éxito depende de la comprensión y dominio de los principios básicos generales. Tú no solamente debes de saber qué estás haciendo, sino por qué lo estás haciendo.

En cuanto a principios básicos, todas las personas son iguales. Sin embargo, cada persona que conoces es diferente. Si intentas aprender algún truco para tratar con cada persona que conoces individualmente y tener éxito, tú estarás enfrentando una tarea imposible.

Influenciar a las personas es un arte, no un truco. Cuando tú usas trucos en una manera superficial y mecánica, tú atraviesas las mismas emociones que la persona que sabe como tratar con la gente, pero a ti no te funciona.

El propósito de este libro es darte conocimiento basado en el entendimiento de la naturaleza humana: Por qué la gente actúa de cierta manera. Los métodos presentados en este libro han sido probados en miles de personas que han asistido a mis seminarios sobre relaciones humanas. Éstas no son solamente mis ideas favoritas de cómo tú deberías tratar con la gente, sino son ideas que han superado la prueba de cómo tratar con la gente. Es decir, si tú quieres llevarte bien con los demás y al mismo tiempo conseguir lo que quieres.

Sí, todos queremos el éxito y la felicidad. Y esos días cuando la gente podía lograr lo que quería forzando a otros ya pasó a la historia, si es que alguna vez existió. Y mendigar tampoco funciona. Nadie tiene respeto o deseo de ayudar a aquella persona que constantemente se humilla ante otros y literalmente van con una mano tras la otra para caerle bien a otros.

La manera más exitosa de conseguir lo que quieres en la vida es aprender las habilidades de cómo tratar con la gente. Lee y aprenderás como hacerlo.

Capítulo 2

Entendiendo el ego del ser humano

Porque el ego humano es una cosa tan preciosa para el que lo posee, y porque la persona va a llegar a cierto extremo para defender *aquello que percibe como amenaza para su ego*, la palabra *egotismo* tiene una connotación negativa.

Echemos un vistazo al otro lado de la palabra egotismo. Si puede causar que las personas hagan cosas tontas, irracionales y destructivas, puede también hacer que las personas actúen de manera noble y heroica.

¿Qué es egotismo?

Edward Bok, un editor y humanitario dijo que lo que el mundo llama ego y vanidad es realmente una "chispa divina" plantada en el hombre y que solamente quienes han "encendido esa chispa divina en su interior" han logrado cosas grandes.

Cualquiera que sea el nombre que quieras darle, dignidad humana, personalidad o singularidad…en el fondo del corazón de cada ser humano hay algo importante que exige respeto.

Cada ser humano es especial, con personalidad individual, y la fuerza más poderosa en cada persona es defender esta "cosa" tan importante, contra todo enemigo.

Es por eso que tú no puedes tratar a las demás personas como si fueran máquinas, números o materia prima y salirte con la tuya. Cada esfuerzo que se ha hecho para privar al ser humano de su valor individual ha fallado. Es más poderoso que los enemigos y los campos de prisioneros. Ha demostrado ser más poderosos que los señores feudales quienes trataron de convertir a las personas en siervos. Ha demostrado ser más poderoso que los enemigos de Hitler y preparó el escenario para nuestra "Tierra de Libertad." Nuestra Declaración de Independencia es realmente la declaración de independencia para el individuo.

También es importante tener en cuenta que nuestra Declaración de Independencia coloca el valor de cada individuo como un regalo de Dios. "Sostenemos que estas verdades son evidentes por sí mismas, que todos los hombres…son dotados por su Creados con ciertos derechos inalienables."

Este no es un libro sobre religión; pero en resumen, tú no puedes separar la religión de las relaciones humanas. A menos que tú creas que hay un Creador que nos ha dotado con derechos inalienables, con un valor innato, tú no puedes creer en las personas. Henry Kaiser dijo que automáticamente puedes practicar las relaciones humanas si te recuerdas que cada individuo es importante, porque cada individuo es un hijo de Dios.

Este también es el único fundamento verdadero para la autoestima. La persona que se da cuenta que es "alguien" no por lo que ha hecho o porque ha sido una buena persona, sino por la gracia de Dios, quien le dotó con un valor innato, desarrolla una autoestima saludable. La persona que no se da cuenta de esto, trata de ganar importancia ganando dinero; ganando poder o fama; u otras maneras obvias. Estas personas no solamente son llamadas egoístas, usando la palabra en sentido negativo, sino que su constante hambre por una autoestima es lo que cause más problemas en el mundo.

Cuatro realidades de la vida que debes imprimir indeleblemente en tu mente.

   1. Todos somos egoístas.

   2. Todos estamos más interesados en nosotros mismos más que en cualquier otra cosa.

   3. Cada persona que tú conoces quiere sentirse importante y ascender a algo.

   4. En cada persona hay un anhelo de lograr la aprobación de otros, de ahí, la aprobación de sí misma.

Todos tememos un ego hambriento. Y solamente cuando este ego está al menos parcialmente satisfecho, nos podemos olvidar de nosotros mismos; quitar la atención de nosotros mismos y ponerla en algo más. Solamente las personas que han aprendido a aceptarse a sí mismas pueden ser generosas y amigables con otros.

¿Que hace que la gente sea egocéntrica y engreída? Solíamos pensar que el problema con la gente egotista era que éstas pensaban demasiado alto de sí misma. Pensábamos que si la gente renunciaba a esa autoestima, ellas estarían "curadas." Los viejos métodos que la sociedad solía usar para derribar un poco de la auto importancia de las personas con quienes era difícil llevarse bien nunca funcionó. Todo lo que hacían era que la persona fuera más hostil y su ego más sensible.

La razón por la cual estos métodos nunca funcionaron es muy simple. Ahora lo sabemos, sin duda alguna, la personaególatra y egoísta no sufre de alta autoestima sino de baja autoestima.

Si estás satisfecho contigo mismo, te llevarás bien los demás.
Una vez que la persona comienza a aceptarse a sí misma, entonces empieza a llevarse bien con los demás. Una vez que salen de su dolorosa insatisfacción con ellos mismos, critican menos y son más tolerantes con otros.

El hambre por el YO es universal y tan natural como el hambre por la comida. El alimento para el ego también es alimento para el cuerpo: es el instinto de sobrevivencia. El cuerpo necesita comida para sobrevivir. Y el YO, o la individualidad de cada persona, necesita respeto, aprobación y sentido de realización.

Un ego hambriento es un ego malicioso. Comparar el ego con el estomago explica en gran medida por qué la gente actúa de cierta manera. Un hombre que come tres comidas al día le da poca importancia a su estómago. Pero, deja a ese hombre sin comer por uno o dos días y verás si no se pone muy hambriento y su personalidad cambia por completo. Él se vuelve más criticón; nada le parece bien y trata bruscamente a las personas. No servirá de nada decirle que su problema es que él está pensando con su estómago y que necesita quitar la mente de su estómago. Sólo hay una manera de curarlo, y es acceder a su petición natural de supervivencia. La naturaleza ha puesto un instinto en cada criatura que dice: TÚ y tus necesidades básicas están primero." Antes que nada él deberá comer para poder tener la capacidad de dar atención a otras cosas.

Lo mismo pasa con la persona egocéntrica. Para poder tener una personalidad sana y saludable, la Naturaleza demanda cierta cantidad de auto-aceptación y auto-aprobación. No hace bien regañar a la persona egocéntrica y pedirle que deje de pensar sólo en ella. Ellas no pueden dejar de pensar en sí mismas hasta que el hambre de su YO esté satisfecha.

Cuando la autoestima está en un nivel alto, la gente se lleva bien. La gente es jovial, generosa, tolerante y está dispuesta a escuchar las ideas de otros. Ellas han solucionado sus necesidades primarias y ahora pueden pensar en las necesidades de otros. Su personalidad es fuerte y están seguras de sí mimas así que ellas están dispuestas a tomar el riesgo. Pueden darse el lujo de equivocarse de vez en cuando y admitir que han cometido un error. Ellas pueden ser criticadas, despreciadas y tomarlo con calma porque estas cosas sólo hacen una pequeña abolladura a su autoestima…y ellas tienen autoestima de sobra.

Es un hecho bien conocido que llevarse bien con un hombre que está en la cima es más fácil que llevarse bien con los subordinados. Cuenta la historia de un soldado raso en la Primera Guerra mundial quien gritó, "¡Apague ese maldito fósforo!" hasta darse cuenta, para su vergüenza, que el ofensor era el General "Black Jack" Pershing. Cuando trató de disculparse el General Pershing le dio una palmada en la espalda y le dijo, "¡De gracias que no soy un subteniente!" Uno tiene que rebajarse para ser banal.

Cuando la autoestima está en su punto más bajo, los problemas se agrandan. Cuanto la autoestima está lo suficientemente baja, casi todo parece una amenaza. Para esa persona, una mirada crítica o una palabra fuerte puede parecer una calamidad. El alma sensible que ve una indirecta o un doble sentido hasta en el comentario más inocente, está sufriendo de baja autoestima. Y el fanfarrón, presumido y peleón tiene el mismo problema.

Para lidiar con el problema causado por la baja autoestima de otros: Ayúdales a aceptarse a sí mimos. Cuando una persona arrogante intenta "ponerte en tu lugar" tú puedes entender su comportamiento recordando dos cosas. Primero, ella necesita desesperadamente aumentar su importancia y está intentando hacerlo mediante el maltrato. Segundo, ella tiene miedo. Su autoestima está en el punto más bajo y un menosprecio de tu parte hará que todo se haga pedazos. Aunque ella no está segura de que te aprovecharías para quitarle su sentido de importancia, ella no puede tomar ese riesgo. La única estrategia que ella puede usar para acabar contigo antes que tú la veas quien es esta persona en la realidad. No eches leña al fuego tratando de acabar con ella. Evita el sarcasmo, haz comentarios cortos y evita argumentos. Si tú "ganas" no harás sino disminuir la poca autoestima y hacer que sea aun más difícil que antes. Por el contrario, alimenta su ego. Convierte un león en una oveja y él dejará de gruñirte y morderte. Esta táctica funciona con todos, no solamente los de personalidad difícil. Todos son más agradables, más comprensivos, y cooperan más si alimentas su ego…no con salamerías, sino con halagos genuinos y verdaderos. Busca el lado bueno de las personas con las que te relacionas; cosas a las que puedas halagar.

Forma el hábito de decir por lo menos cinco halagos sinceros cada día y observa como tus relaciones con otros se vuelven más agradables. Ayuda a otros a aceptarse a sí mismos. Pero no intentes hacer esto de una manera dominante y superior. Si lo haces de esa manera, tus ideas de superioridad sólo lograrán enemistades.

La Primera Ley de las Relaciones Humanas es: "Las personas actúan o dejan de actuar en gran medida para aumentar su ego." Cuanto tú estás tratando de persuadir a alguien para que actúe de cierta manera y la lógica y el razonamiento fallan, trata la manera de aumentar su ego. Da a otros una razón para ayudarte.

Hace un tiempo, yo estaba en una ciudad en una convención nacional. Por motivo de fuerza mayor, tuve que quedarme una noche más. Como no tenía reservación, yo me fui para un hotel donde me quedaba con frecuencia. Abriéndome camino entre la multitud, llegué a la recepción para tratar de conseguir una habitación, me atendió un empleado que me pareció conocido.

"Bueno, Les," se disculpó, "nos debiste haber avisado con anticipación de tu venida. Bajo estas circunstancias no puedo hacer nada por ti."

"Parece que tenemos un problema" le respondí, "pero yo sé que si hay alguien en este esta ciudad que puede encontrar una solución, ese eres tú. Si tú no puedes encontrar una habitación para mí, me va a tocar que dormir en el parque."

"No sé," dijo él, "pero quédate unos 30 minutos y veré que puedo hacer."

El resultado fue que él se acordó de una pequeña sala que se usaba para conferencias informales y que fácilmente podía convertirse en habitación moviendo catre portátil. Yo conseguí una habitación y él consiguió un sentido de logro y aumentó su ego demostrando a ambos que, "Si alguien lo puede hacer, yo lo hago."

Ayuda a otros a aceptarse a sí mismos; a satisfacer su hambre de autoestima.

Capítulo 3

Haciendo que la gente se sienta importante

Todos somos millonarios en relaciones humanas. La gran tragedia es que muchos de nosotros acaparamos nuestra riqueza, repartiéndola de manera mezquina o a veces ni nos damos cuenta que la poseemos. Tienes en tus manos el poder de añadir a los sentimientos y valor propio de otras personas. Tienes en tus manos el poder de hacer que otros se sientan bien. Tienes en tus manos el poder para hacer que otras personas se sientan apreciadas y aceptadas.

La manera más rápida de mejorar tu trato con la gente es empezar a repartir la riqueza que posees. No te cuesta nada ni tienes que sentir miedo de que se vaya a terminar. No trates de hacer trueque o de negociar con ella. No trates de usarla para sobornar gente para que te den lo que tú quieres. Dala de manera indiscriminada. Al hacer esto, no tendrás que preocuparte por obtener algo de otros. Cuando repartes este pan sobre las aguas, por decirlo de alguna manera, siempre vuelve a ti multiplicado muchas veces.

No cometas el error de suponer que sólo porque alguien

es exitoso o famoso, no tiene la necesidad de sentirse importante. La cortesía, la amabilidad y los buenos modales están basados en esta hambre universal que la gente tiene de sentir que tienen valor propio. La cortesía y la amabilidad no son más que formas de reconocer la importancia de la otra persona. Todos necesitamos sentirnos importantes. **Todos necesitamos sentir que otra gente reconoce y admite nuestra importancia.**

En realidad, lo que necesitamos es que la demás gente nos ayude a sentirnos importantes y ayudarnos a confirmar nuestro valor como personas. En gran medida, nuestros sentimientos acerca de nosotros mismos, son un reflejo de los sentimientos que otras personas parecen tener acerca de nosotros. Nadie puede mantener su dignidad y valor propio si cada persona que conoce lo trata como si él no valiera nada.

Esto explica por qué cosas tan pequeñas, que son aparentemente acciones sin importancia, pueden llegar a tener tremendas consecuencias en el campo de las relaciones humanas. ¿Has escuchado alguna vez los motivos que la gente da cuando se divorcia? "Él se dio el gran placer de decirle a todos lo estúpida que yo era en el manejo de dinero." o "Ella hacía un gran problema por darle de comer al gato antes de darme a mí cuando ella estaba cocinando"

Estas parecen cosas pequeñas, pero cuando se repiten un a y otra vez, están diciéndole a la otra persona "esto es una prueba de que tú no eres tan importante." Recuerda, sólo se necesita una pequeña chispa para hacer una gran explosión. Y las pequeñas cosas que tú haces y dices pueden formar una cadena de reacciones.

Tú debes de reconocer a la otra persona. En el trato diplomático con otros países, los gobiernos hablan de la importancia de otros países o les dan reconocimiento. Podemos tomar una lección de diplomacia para nuestras relaciones con otras personas. Las principales causas de insatisfacción entre los empleados son:

1.- No dar valor a las sugerencias
2.- No corregir las quejas
3.- Falta de incentivo
4.- Criticar a los empleados en frente de otros
5.- No preguntar a los empleados sus opiniones
6.- No informar a los empleados de sus logros
7.- Favoritismo

Date cuenta que cada tema tiene que ver con el fallo de reconocer la importancia del empleado.

Cuatro maneras de hacer que otros se sientan importantes:

1. **Piensa que otra gente es importante.** La primera regla es la más fácil de aplicar, es simplemente convencerte a ti mismo de una vez por todas que otra gente es importante. Haz esto y otros verán tu actitud, incluso cuando no te estás esforzando. Por otro lado, quita la necesidad de hacer trucos y pone tus relaciones humanas de una manera sincera. Tú no puedes hacer que otros se sientan importantes en tu presencia si tú secretamente crees que ellos no son nadie. Después de todo, no hay nada más importante en esta tierra que la gente.

2. **Reconoce a la gente.** ¿Alguna vez has pensado en el hecho de que tú solamente te fijas en las cosas que son importantes para ti? En realidad, tú sólo ves una fracción de lo que está a tu alrededor. Tú seleccionas y pones atención sólo a las cosas que son importantes para ti. Cinco personas caminando en la misma calle probablemente notarán cinco cosas diferentes, simplemente porque éstas están interesadas en cosas diferentes.

Por lo tanto, cuando alguien nota nuestra presencia, nos rinden un gran elogio. Ellos están diciendo que reconocen nuestra importancia y le dan un gran estímulo a nuestra moral. Nosotros nos volvemos más amigables y cooperamos más e incluso trabajamos más duro. Y no te olvides que cuando estás tratando con un grupo, trata de reconocer a todos los integrantes.

3. **No compitas con la gente.** Esto requiere de disciplina ya que tú eres un ser humano y tienes la misma necesidad que todos los demás tienen de sentirte importante. Tienes que poner atención para que esto no resulte contraproducente. Lo cierto es que todos necesitamos sentirnos importantes y necesitamos sentir que otros reconocen nuestra importancia. Este rasgo de la naturaleza humana es neutro en sí mismo. Tú lo puedes usar a tu favor o en tu contra…así como puedes usar un cuchillo para poner mantequilla a tu pan o para cortarte el cuello. La tentación de imponer nuestra propia importancia está siempre presente cuando estamos tratando con otras personas. Consciente o inconscientemente, nosotros queremos dar una buena impresión.

Si alguien nos cuenta de una gran hazaña que realizó, nosotros pensamos a la misma vez en algo mucho más grande. Si alguien nos cuenta una buena historia, en ese momento nosotros pensamos una que le sobrepase. Con frecuencia nos sentimos ansiosos de impresionar a otros con nuestra propia importancia y hacemos sentir pequeña a la otra persona para poder sentirnos más grandes. Hay una regla muy simple que te ayudará a superar este obstáculo: Si quieres dejar una buena impresión, la manera más efectiva es hacerles saber que ellos te impresionan. Hazles saber que te impresionan, y ellos te juzgarán como uno de los más inteligentes, el más famoso individuo que ellos han conocido. Compite con ellos y ellos estarán convencidos de que eres un tonto que no sabe para donde va.

4. **Tienes que saber cuándo corregir a otros.** Usualmente cuando corregimos o contradecimos a otros, no es con el propósito de resolver otro problema. Usualmente es con el propósito de sentirnos importantes a costa de otros.

Pregúntate a ti mismo, "¿tiene alguna diferencia si están en lo correcto o están equivocados?" No trates de ganar todas las batallas pequeñas. Si ninguna otra cosa está involucrada más que el ego de la otra persona, ¿por qué preocuparse? El impacto negativo que tú creas supera con creces la pequeña victoria de tu propio ego.

Capítulo 4

Controlando las acciones y actitudes de otros

¿Recuerdas a Svengali, el hipnotizador que controlaba las acciones y el comportamiento de otra gente con su misterioso poder?

Tal vez te sorprenda saber que cada uno de nosotros, en nuestra propia manera tenemos un poco de Svengali. No somos hipnotizadores, pero sí tenemos control sobre otras personas. El único problema es que no nos damos cuenta que estamos ejercitando este poder y con frecuencia lo usamos en contra de nosotros mismos en lugar de usarlos a nuestro favor. Cada uno de nosotros está constantemente influenciando y controlando las acciones y actitudes de esos con quienes estamos en contacto. La decisión que tenemos que hacer es: ¿lo usamos para el bien o para el mal; para nuestro beneficio o para nuestra desventaja?

Tal vez te sorprenda saber que en muchos de los casos en los cuales has sido tratado de una manera descortés, cuando alguien ha actuado de una manera irracional contigo, tú has tenido la culpa. **Tú tienes que adoptar la actitud que quieres que otros tengan contigo.** La gente reacciona y responde de la misma manera a la actitud y las acciones expresadas por otros. Tú obtienes resultados impresionantes cuando comienzas a poner esta teoría en práctica. Todos quieren hacer lo correcto. Por nuestra parte, actuamos en la vida de acuerdo con la situación en la que nos encontremos. Hay un ansia inconsciente de vivir a la altura de las opiniones que otros tienen de nosotros – o rebajarnos a lo que piensan.

En el trato con los demás, nosotros vemos nuestra propia actitud reflejada en el comportamiento de ellos. Es como si estuviéramos parados frente al un espejo. Cuando sonreímos, la persona frente al espejo sonríe, cuando fruncimos en seño, ellos fruncen el seño, cuando gritamos, ellos gritan. Sabiendo esto, tú puedes controlar las emociones de otros a un grado sorprendente. Cuando te encuentras en una situación explosiva, que parece que va a explotar en cualquier momento, baja el tono de tu voz y mantenla así. Esto, literalmente va a forzar a otros a que mantengan su tono de voz bajo. Ellos no se pueden enojar y exaltarse mientras mantienen bajo el tono de voz. Si esperas hasta que la otra persona se enoje, no va a funcionar. Usando esta técnica tú puedes evitar el enojo antes de que aparezca.

El entusiasmo es contagioso. Es más contagioso que un resfrío y también lo es la indiferencia y la falta de entusiasmo. *Jamás podrás vender algo a alguien si primeramente no estás convencido tú mismo de tu producto.*

La confianza inspira confianza. Así como puedes hacer que otros sean entusiastas con tu entusiasmo, tú puedes hacer que otros tengan confianza en sí mismos cuando tú muestras que tienes confianza en ti mismo. Es triste pero cierto que muchos mediocres llegan más lejos que algunos que tienen habilidades sobresalientes porque los mediocres saben actuar con confianza.

Todos los grandes líderes saben esto. Por ejemplo, Napoleón Bonaparte salió con valentía para cumplir con el ejército francés cuando ellos fueron enviados a buscarlo después de su primer exilio. Actuaba con gran confianza como si esperara que el ejército obedeciera sus órdenes, los soldados marcharon detrás de él.

John D. Rockefeller usó la misma técnica. Cuando un acreedor le sugirió que le gustaría que pagara su factura, Rockefeller sacó su chequera con cierto ademán y preguntó, "¿Qué prefiere, efectivo o acciones en Standard Petroleum?" Él parecía tan confiado y calmado que casi todos optaron por las acciones y nunca nadie se arrepintió. Si tú crees en ti mismo y actúas de esa manera, otros también creerán en ti.

Pon un poco de magnetismo en tu personalidad. La confianza tiene una manera de mostrarse a sí misma en maneras sutiles. Mientras que tal vez nunca nos demos cuenta por qué tenemos confianza en cierta persona, inconscientemente, nosotros juzgamos a los demás por medio de estas señales y pistas.

1.- **Observa tu caminar; tus acciones corporales expresan tu actitud mental.** Si tú ves a alguien caminando con los hombres caídos, tú piensas que sus cargas son muy pesadas. Parece como si estuviera llevando en sus hombros una carga tan pesada de desaliento y desesperación. Si hay algo pesado en el espíritu de alguien, el peso se siente en el cuerpo y éste se marchita. Si ves a alguien que camina con la cabeza hacia abajo y ojos decaídos, tú estás observando un alma pesimista. Una persona tímida camina insegura, vacilante, como si tuviera miedo de algo. Una persona que tiene confianza en sí misma camina con valentía. Sus hombros están rectos, sus ojos ven hacia el frente y se dirigen hacia una meta porque ellos tienen la certeza que pueden alcanzarla.

2.- **El apretón de manos dice mucho de ti, le comunica a la otra persona mucho más de lo que tú crees.** Un apretón de manos aguado significa que tienes poca confianza en ti mismo. Un apretón de manos que tritura los huesos compensa la falta de autoestima. Un apretón de manos con poca presión dice, "tengo un firme control de las cosas" y denota confianza en sí mismo.

3.- **Modera tu tono de voz.** Nos expresamos con nuestra voz más que de ninguna otra manera. La voz es el medio más desarrollado de la comunicación. Tu voz comunica mucho más que ideas, también revela tus sentimientos. Escucha tu propia voz. ¿Comunica desesperación o valentía? Has caído en el hábito de quejarte. ¿Hablas con confianza o mascullas?

4.- **Utiliza la magia de una sonrisa.** Una sonrisa real y sincera enciende los sentimientos amistosos en otras personas. No trates de sonreír con una expresión facial, sonría desde lo profundo de tu ser. Todos han sido bendecidos con una sonrisa bonita, es sólo cuestión de dejarla salir. Si no estás dándole uso a tu sonrisa, eres semejante a alguien que tiene un millón de dólares en el banco pero no tiene chequera.

La única manera de hacer que la gente sea mejor es seguir el consejo de Winston Churchill: "Me he dado cuenta que la mejor manera de hacer que otros *adquieran* virtud es *inyectándola* en ellos." Deja que los demás sepan que se puede confiar en ellos y serán confiables. La gente que trata de forzar a otros avergonzándolos, amenazándolos o diciéndoles lo que tienen que hacer muy rara vez tiene éxito. Y con frecuencia las cosas empeoran. Nadie es del todo malo o del todo bueno; todos tenemos diferentes aspectos de personalidad. El lado que nosotros mostramos es el lado que otros sacan de nosotros. Usa la comunicación y la sicología para sacar el lado generoso de los demás.

Empieza hoy a desarrollar una actitud de entusiasmo, confianza en ti mismo. Habla claro. Pon atención a tu postura. Levanta la cabeza. Camina con paso de confianza como si te dirigieras a un lugar muy importante.

Capítulo 5

Creando una
buena impresión

La manera en que nos acercamos a otros, nuestras primeras palabras y acciones, casi siempre marcan la pauta para el primer encuentro. Hasta cierto punto, tú puedes controlar las acciones y actitudes de otros, si inicias la conversación de la misma manera que tú deseas que termine.

Si están hablando de negocios, inicia la conversación con un tono de negocio. Si deseas ser informal, inicia de una manera informal. Los demás se acomodarán a las circunstancias. Ellos actuarán su papel según el escenario que *tú* hayas creado. Cada vez que tratas con otras personas, tú estás creando el escenario. Si preparas el escenario para comedia, no te portes con seriedad. Si preparas el escenario para tragedia, no esperes que los demás se porten frívolos. "Simplemente no funcionó" decimos de una reunión o entrevista que no salió como a nosotros nos hubiera gustado. Cuando esto sucede, casi siempre es porque empezamos mal.

Antes de empezar cualquier conversación, pregúntate a ti mismo "¿Qué es lo que realmente quiero de esto? ¿Qué humor debo de mantener?" Y en seguida crea el tono de voz que preparará el escenario. Nosotros podemos controlar las acciones y actitudes de otros recordando que la primera impresión es la impresión que prevalecerá.

Tú eres el responsable de cómo te perciben los demás. Muchos se preocupan de lo que otros van a pensar de ellos. **El mundo tiene su propia opinión de nosotros, en gran parte es por la opinión que nosotros tenemos de nosotros mismos.** Si no eres aceptado por otros como te gustaría, tal vez tú seas el culpable. Actúa como un don nadie y el mundo te dará el mismo valor. Actúa como si fueras alguien importante y el mundo no tendrá otra opción que tratarte como alguien importante.

No uses disfraz. Inconscientemente, todos somos más inteligentes de lo que creemos. La mente consciente tal vez no sea tan inteligente para darse cuenta de esto y no puede ver que hay detrás del disfraz que la gente usa, pero nuestro inconsciente sabe. Y nuestro inconsciente no dice que la persona que está actuando se siente bien consigo misma. Muchas personas crean una mala impresión, esto es porque ellas juzgadas no solamente por el valor que se ponen a sí mismas, sino por el valor que le ponen a otras cosas: como su trabajo, sus opiniones, y la manera en que compiten. La Biblia dice: "No juzgues pare que no seas juzgado." Esa es una buena lección para las relaciones humanas. **Cada vez que juzgamos algo, damos una pista a otros para que nos juzguen.**

¿Qué valor le das a tu trabajo, a tu compañía? ¿Cuando alguien te pregunta dónde trabajas, contestas con un todo de disculpa, "Ah, trabajo en el People's Bank," como si te diera vergüenza trabajar ahí? U orgullosamente contestas, "Trabajo en el mejor banco de esta área del país." Otros pensarán bien de ti si das la segunda respuesta. Si das la impresión de que tu empleador o cualquier cosa relacionada contigo no es la gran cosa, otros pensaran que tú no eres la gran cosa.

No critiques a la competencia. Si quieres dar una buena impresión, nunca critiques los productos de otros. Promociona tus productos en lugar de criticar. La gente no solamente no le gusta la conversación negativa, sino que además tú estas preparando un escenario negativo.

Si estás vendiendo, has creado un estado de ánimo negativo y tendrás dificultad para que un prospecto de diga SÍ. Pon a otros en un estado de ánimo positivo creando un ambiente positivo y afirmativo. Una de las mejores reglas es conseguir que te digan que SÍ en la primera pregunta. "¿No es este un color bonito?" o "¿No te parece que esta es una bonita obra hecha a mano?" Después de que hayas logrado que digan SÍ un par de veces a tu cuestionario preliminar será más fácil para ellos decir SÍ a las preguntas más importantes.

Pero, las respuestas positivas pueden ser algunas veces negativas. "¿No está el calor terrible el día de hoy?" o "¿El mundo es un caos, no es así?" Eso es preparar el escenario con un ánimo negativo con la respuesta SÍ. La gente pesimista y negativa usualmente es cautelosa y vacilante. La gente alegre y optimista compra productos e ideas. Ellas son más generosas, más deseosas de expandir y darse una oportunidad.

No hagas preguntas o des instrucciones que insinúan que andas buscando problemas. **Haz preguntas que ya tengan una respuesta:** "A ti te gusta esto, ¿no es así?" En lugar de decir "¿Te gusta esto?" Cuando hagas preguntas, mueve la cabeza en forma afirmativa. Tus acciones influencian las acciones y opiniones de otros.

Tranquilamente asume que otros harán lo que tú quieres que hagan. Al inicio, toca la nota clave para el tema principal. No trates de impresionar tanto; hazle saber a otros que están dando una buena impresión.

Capítulo 6

Desarrollando una personalidad atractiva

¿Cuál es el secreto de una personalidad atractiva?

Todos conocemos gente que naturalmente atrae clientes y amigos. Esta gente sabe como alimentar las tres necesidades básicas de toda la gente.

1. **Aceptación.** Es esencial que tú aceptes a la gente por tal cual es; permíteles que sean ellas mismos. No insistas que todos sean perfectos o cambies antes de que te caigan bien. No modeles una chaqueta de virtud y esperes que otros la modelen para poder ganarse tu aceptación. Una persona que critica y siempre resalta los errores en otras personas y anda proponiendo soluciones nunca va a ser buscada por su popularidad por personas que quieran ser su mejor amigo.

   Esos que aceptan y gustan de las personas, aceptándolas tal cual son, son los que tienen la mayor influencia positiva en el cambio de comportamiento de otros. Nadie tiene el poder para "reformar" a otro. Pero si aceptas a otros tal cual son, tú les das el poder para que cambien.

2. Aprobación. Esto va más allá de la aceptación, lo cual es un poco negativo comparar. Nosotros aceptamos a otros a pesar de sus errores y les brindamos nuestra amistad. Aprobación significa algo positivo porque va más allá de tolerar los errores y encontrar algo que nos guste. Tú siempre puedes encontrar algo que aprobar en los demás. Tal vez sea algo pequeño o significante, pero hazle saber a las personas que las aceptas tal y como son y el número de cosas que tú apruebas crecerá. Cuando otros ven que tú los aceptas, ellos comenzarán a cambiar su comportamiento para poder ganar la aprobación de otras cosas. Aplaude y ve a la gente brillar.

3. Aprecio. La palabra aprecio significa aumentar el valor. Detente por un momento y piensa que tan valiosas son otras personas para ti: tu esposa, niños, jefe, empleados, clientes. Enfatiza su valor en tu mente y luego piensa en algunas maneras en las cuales les puedes hacer saber cuanto los valoras. Las siguientes son algunas maneras en las cuales puedes mostrar aprecio:

- **No hagas esperar a la gente.**
- **Si hay alguien a quien no puedes atender inmediatamente, reconoce su presencia. Hazle saber que tú vas a atenderles en cuanto te sea posible.**
- **Agradece a la gente.**
- **Trata a la gente como algo "especial".**

El último tema merece un comentario adicional. No hay nada más que desanime el ego que obtener un tratamiento de rutina. Todos queremos ser reconocidos, cada uno por nuestro propio valor. Y por último, aprende una lección de las flores; éstas necesitan abejas para que las polinicen, ellas sacan un par de gotas de néctar para dar de comer a las abejas. Una persona con una personalidad atractiva ofrece alimento para las necesidades básicas de las personas

Empieza a usar la fórmula Triple-A:
Aceptación, Aprobación y Aprecio.

Capítulo 7

Aprendiendo a comunicarse de manera efectiva

Una de las cosas que la gente de éxito tiene en común es *la habilidad de usar las palabras*. Ganar poder y habilidad de palabra están estrechamente ligadas. Con seguridad puedes esperar incrementar tus ganancias simplemente incrementando tu poder de palabra.

La felicidad también depende en gran manera de nuestra habilidad de expresar ideas, deseos, esperanzas o decepciones. Mucha gente es infeliz porque no puede comunicarse y llevan sus ideas y emociones embotelladas en su interior. Mucha gente está minusválida y sabe como iniciar una conversación, especialmente con alguien extraño. Tienen una cantidad de ideas interesantes en un grifo, si tan sólo supieran como encender la espiga. William James dio en el clavo cuando explicó la razón por la cual a muchos les parece difícil se buenos conversadores: "…ellos tienen miedo de decir algo muy insignificante y obvio; o algo no sincero…o en una manera u otra, decir algo que no es adecuado para la situación."

Deja de tratar de ser perfecto. Nadie puede fascinar cada minuto.

Una pequeña plática no tiene que ser brillante. Todo el mundo se desgasta, todo el mundo participa en pequeñas charlas que no dicen nada inteligente o significante. Las pequeñas charlas son necesarias para hacer girar las ruedas de la conversación. Al darte cuenta de esto y no tener miedo de ser aburrido te permite iniciar una conversación aun con una persona extraña. Tal vez te sorprenda saber que estás hablando de cosas inteligentes e interesantes porque no te estás esforzando demasiado.

Prepare a tu sujeto. Iniciando una conversación requiere de un tiempo de precalentamiento. No esperes que "la máquina esté caliente al arranque." Conversación amena no sólo sirve para iniciar una conversación sino también para establecer un ambiente de comodidad entre los dos.

Haz que la gente hable de sí misma. La próxima vez que te presenten a alguien y que no puedas pensar en algo que decir, trata de entablar conversación con la otra persona con preguntas tales como: "¿De dónde eres?" "¿Qué piensas del clima?" "¿Tienes familia?" "¿Qué clase de negocios haces?" Estas preguntas hacen que la otra persona hable de sí misma y se comunique fácilmente.

Ellos rompen el hielo y se dan cuenta que tú estás interesado en ellos. No tienes que hablar de un tema de mutuo interés; tú los has iniciado en un tema en el cual ellos son expertos: *¡ellos mismos!*

El arte de ser un buen conversador no consiste tanto en pensar y decir tantas cosas inteligentes o experiencias heroicas que puedas relatar, más que todo es abrirte a otros y hacer que ellos hablen. *Si puedes incentivar a otros a que hablen, tú vas a ganar una reputación de buen conversador.* Si puedes hacer que otros continúen hablando nada va a funcionar mejor para que se puedan abrir a ti y tus ideas.

Haz preguntas que sean de interés a otros. Mantén la conversación enfocada en la otra persona haciendo preguntas tales como: ¿Por qué? ¿Dónde? ¿Cómo?

Si alguien dice "Yo tengo una pequeña propiedad de 25 acres en Indiana," no te precipites a decir "Bueno, yo soy dueño de 500 acres en Texas." En lugar de decir eso, pregunta "¿Exactamente en dónde?" ¿Hace cuánto tiempo que la tienes?" Estas y otras preguntas te darán una reputación de ser una de las personas más interesantes que tu compañero haya conocido.

Hay un pecado mortal en las relaciones humanas que necesitas evitar. Los humanos son innatamente egoístas. Ellos son primero, último y siempre interesados en ellos mismos. Muestra que tú estás interesado en otros y como resultado ellos se interesarán en ti.

No seas como un autor que después de hablar de sí mismo y de su trabajo por más de dos horas, se vuelve a su compañero y le dice, "Pero ya es suficiente, ya he hablado mucho de mí. Hablemos a de ti. ¿Qué piensas de mi obras?"

Tú también eres humano y es natural que quieras hablar de ti. Tú quieres brillar. Tú quieres impresionar a otros. Pero tu calificación va a ser más alta y te estimarán más si dejas que ellos conversen en lugar de hacerlo tú. Otros tendrán una opinión más alta de ti.

Pregúntate a ti mismo: "¿Qué quiero de esta situación?" ¿Quieres aumentar tu ego o quieres la aprobación de la otra persona, negocio, licencia o mejores deseos? Si todo lo que quieres es aumentar tu ego, entonces habla exclusivamente de ti; pero no esperes conseguir algo más de la conversación.

Los oradores hablan de sí mismos. Pero ellos han sido *invitados* a hacer esto y su audiencia es voluntaria; no ha venido a la fuerza. A menos que hayas contratado un salón y haya hecho publicidad, tus oyentes no tendrán manera de saber que van a quedar cautivos a tu explotación.

Habla de ti mismo cuando hayas sido invitado y se te haya pedido que lo hagas. Si otros están interesados ellos van a preguntar. Entonces puedes hablar un poco de ti mismo, pero no abuses. Contesta las preguntas y luego vuelve la atención hacia ellos. Usa la técnica yo-también. Una de las veces cuando es conveniente hablar de ti en la conversación es cuando tú le puedes decir a la otra persona algo sobre ti que está conectado de alguna manera a algo que ellos han dicho y formar un enlace entre ambos.

Si alguien dice "yo fui criado en una hacienda" y tu dice "yo también" y di algo acerca de tus experiencias, esto hace a la otra persona sentirse importante. La razón de incluirte en la conversación en cierta manera forma en enlace que halaga a la otra persona. Al hacer esto, estás diciendo "yo estoy de acuerdo contigo. A mí también me gusta. Yo también lo creo." Todo acerca de tu pasado que sea similar al de ellos ayudará a que les caigas bien. A nosotros nos gusta la gente que está de acuerdo con nosotros pero no nos gusta la gente que está en desacuerdo con nosotros. Esos que no están de acuerdo son una amenaza para nuestra auto-estima. Cuando tú estás de acuerdo, tú ayudas a la otra persona a aceptarse así misma.

Aún cuando hay cosas en las cuales no estás de acuerdo, siempre busca cosas en las cuales estás de acuerdo. Cuando has establecido una base, aunque sea pequeña, en la cual estés de acuerdo, será mucho más fácil ponerte de acuerdo en cosas en las cuales no estamos de acuerdo.

Usa un lenguaje alegre. La persona que forma el hábito de hablar de forma pesimista; o constantemente relaciona sus problemas personales no va ganar popularidad. Si tienes problemas personales, ve a hablar con tu pastor, o con un consejero o un amigo en quien confías. No hables de tus problemas en público. No hables de tus dolencias y operaciones. Describir tu sufrimiento no te hace un héroe, te hace aburrido.

Siéntate y escríbete una carta. Si tienes algo dentro de ti que necesitas sacar, trata de escribirte una carta. Escribe exactamente como te sientes; no te quedes con nada. Escribe detalles de cómo has sido tratado injustamente; lo injusta que es la vida. Y luego, cuando termines de sacar y escribir todo, quema la carta. Ha cumplido su propósito de darte una salida y has sentido alivio. Va a drenar tus emociones y aliviará tu deseo irresistible de decirle a la gente. Algunas veces necesitarás repetir esto o hacerlo tres veces. Pero después de hacer esto te darás cuenta que ya no necesitas pensar en eso, mucho menos hablar de eso.

Vence la tentación de bromear o ser sarcástico. La mayoría de nosotros bromeamos porque pensamos que a la otra persona le va a gustar. Los esposos se burlan de las esposas y ellas hacen lo mismo, en público, por equivocación pensamos que es una manera bonita de mostrar afecto. Nosotros hacemos comentarios sarcásticos con la esperanza de que otros reconozcan nuestro ingenio, trata de vel el buen humor y no lo tomes como una ofensa personal.

Bromas y comentarios sarcásticos son aimed a la autoestima de otros. Y todo lo que sea una amenaza para la autoestima es algo peligroso, aun cuando se hace de una menara divertida. Si la otra persona te conoce lo suficiente, le caes lo suficientemente bien y tú no te pasas de la raya, pueda que te salgas con la tuya y puedas bromea. Pero las posibilidades en tu contra son grandes, que es mucho más seguro no hacerlo.

Empieza hoy y usa estos métodos para mejorar tus habilidades de comunicación. Practica con extraños. Hazlo día tras día hasta que se convierta en un hábito.

Capítulo 8

Escuchando

Oliver Wendell Holmes escribió: "Poder escuchar a otros de una manera amable y comprensiva es tal vez el mecanismo más efectivo en el mundo para llevarse bien con las personas y tratar de mantener la relación en bueno términos."

Cuando conoces a alguien y después que se ha ido, tú sientes que las cosas no salieron como a ti te hubiera gustado. "¿Qué podría haber dicho para que el fuera más amigable, más sensible a mis ideas?" te preguntas. Sorpresivamente tu respuesta sea "nada." Si no lo hiciste bien, no fue por lo que hayas o no hayas dicho, sino porque tú no escuchaste apropiadamente.

Escuchar te hace más astuto. La mayoría de nosotros queremos que otros piensen que somos astutos e inteligentes. Una de las maneras más seguras de convencer a la gente de eso, es escuchar y poner atención a lo que ellos tienen que decir. El hecho que pongas suficiente importancia en lo que las otra persona está diciendo convence a la otra persona que eres inteligente. Piensa en tus amigos y conocidos. ¿Quién tiene la reputación de ser sabio e inteligente? ¿Es la persona que tiene lista una respuesta antes que se le haga la pregunta? ¿Es la persona que interrumpe para hacer un comentario antes que otros hayan terminado? ¿O la persona que siempre escucha?

La gente te dirá lo que quiere si tú los escuchas. Tú no puedes dar en el blanco cuando estás en la oscuridad. Los fabricantes de automóviles saben lo que el público quiere antes de diseñar un carro. Y tú tienes que responder apropiadamente a las preguntas que se te hacen. Tú tienes que dar respuestas apropiadas continuamente. Las relaciones humanas son una clase de comunicación en ambas direcciones: dar y recibir, acción y reacción. Si tú no sabes lo que los demás quieren o como se sienten en cierta situación o cuál es su necesidad, tú no estás en contacto con ellos. Sin no puedes conectarte con ellos, no los puedes conmover.

Hablar demasiado te delata. A veces hay situaciones en las que tenemos que tratar con otra gente y es importante no mostrar nuestra posición antes de tiempo. Primero tenemos que ver cuál es la posición de la otra persona. La estrategia que se usa es descubrir lo que los demás saben; con que se conformarán antes de mostrar tu posición. Así como podemos determinar la posición de otros escuchándolos, mucha plática de nuestra parte nos puede delatar.

La gente exitosa anima a los demás a que hablen y que continúen hablando mientras ellos mantienen su boca cerrada. Si puedes conseguir que los demás hablen lo suficiente, ellos no pueden disfrazar sus verdaderos sentimientos o motivos. Pueda ser que traten, pero inevitablemente se delataran.

Así que, si no quieres que los demás sepan lo que realmente está en tu mente, mantén tu boca cerrad y escucha. Otros se darán cuenta quien eres si hablas demasiado.

Escuchar ayuda a superar la timidez. Escucha con mucho cuidado lo que dicen los demás – poniendo especial atención en el tono de voz e inflexión de palabras – eso te ayuda a que quites la atención de ti mismo. Toda tu atención está enfocada en otros – lo que están diciendo; lo que ellos quieren; lo que necesitan – no puedes ser tímido y por consecuencia desatento.

No puedes tratar con otros de una manera efectiva si no estás atento. No hay nada de malo en tener una buena opinión de uno mismo, pero no es bueno mantener toda la atención en ti mismo.

No te esfuerces demasiado. William James dice que la razón por la cual muchas de las conversaciones son aburridas es porque la gente no se relaja y por lo tanto incrementa las posibilidades de decir algo realmente inapropiado.

Tú debes saber lo que la gente quiere; lo que necesita; y quienes son para poder tratar con ellos de una manera efectiva. Tú debes escuchar cuidadosa, amable y pacientemente. Uno de los mejores elogios que tú puedes dar es escuchar al alguien. Tú incrementas su auto-estima, porque a todo el mundo le gusta saber que tiene algo que decir y que vale la pena decirlo. Una de las cosas más desalentadoras que tú le puedes hacer al ego de otra persona es ignorarlas antes de que ellas digan lo que tienen que decir. A la gente le gusta que le pongan atención.

Practica el arte de escuchar.
1.- **Mira a la persona que está hablando.** Gente que vale la pena escuchar, vale la pena mirar. Y además te ayudará a concentrarte en lo que están diciendo.

2.- **Aparenta estar profundamente interesado.** Si tú estás de acuerdo, inclina la cabeza en señal de conformidad. Si te cuentan una historia, sonríe. Responde a las señales.

3.- **Inclínate hacia la otra persona.** ¿Alguna vez te has dado cuenta que tú tienes la tendencia de inclinarte hacia el orador que es interesante y alejarte del orador que es aburrido?

4.- **Haz preguntas.** Esto le hace saber a la otra persona que tú todavía estás escuchando.

5.- **Pregunta más en lugar de interrumpir.** La gente se siente muy elogiada si tú le permites terminar sin interrupciones. Pero se sienten realmente halagadas cuando tú alargas la conversación con, "¿Podrías ampliar un poco más en ese último punto?"

6.- Mantente en el tema del hablante. No cambies el tema, no importa que tan ansioso estés de halar de otro tema.

7.- Usa las palabras del hablante para explicar tu punto de vista. Repite algunos de los puntos que han tratado. Esto no solamente prueba de que has estado escuchando, sino que también te permite introducir tus propias ideas sin que la otra persona se oponga. Precede tus propios comentarios con, "Así como tú lo señalaste…"

Capítulo 9

Haciendo que la gente esté de acuerdo

Todos los días se presentan situaciones en las que necesitamos persuadir a otra persona a que acepte nuestro punto de vista. Se presenta algún desacuerdo con nuestra pareja, hijos, jefe, empleado, cliente, vecino, amigo o enemigo. La manera natural de reaccionar es argumentar. *Debemos de aprender a que nuestra respuesta natural sea* **la persuasión**.

Cuando alguien se opone a nuestras ideas, nosotros lo tomamos como una amenaza a nuestro ego. Nos ponemos sentimentales y hostiles y tratamos de forzar nuestras ideas en la garganta de nuestro oponente. Exageramos nuestros argumentos y ridiculizamos los puntos de nuestro oponente. De esta manera no ganaremos.

La única manera de ganar un argumento es hacer que los otros cambien de opinión. Hay maneras de persuadir a otros a que vean las cosas a tu manera.

El secreto es no presionar. Todo se resume al tema de este libro: si quieres tener poder sobre la gente, tú debes de aprender a trabajar con la naturaleza humana en lugar de trabajar es su contra. Dile al alguien que sus ideas son estúpidas y ellas las defenderán para siempre. Ridiculiza su posición y ellas pelearán para salvar se reputación. Usa amenazas y ellos simplemente cerrarán su mente a tus ideas sin importar que tan buenas sean éstas.

Uno de los instintos más fuertes el es de auto-supervivencia y eso significa tanto el cuerpo como el ego. Por nuestra propia protección, tenemos que tener cuidado con las ideas que aceptamos y como actuamos. Nos inmunizamos en contra de ideas extrañas. Nuestros amigos no nos tratan con martillo y tenaza por lo que solo cerramos nuestros oídos a ideas disfrazadas como enemigos.

Cuando intentamos vender nuestras ideas, debemos de recurrir al subconsciente porque *las ideas no son aceptadas hasta que nuestro subconsciente no las acepta*. "A un hombre que se le convence en contra de su voluntad sigue teniendo la misma opinión." Este dicho describe a alguien que ha estado de acuerdo con una idea en el subconsciente solamente. Hablan de labios para afuera y aparentan estar de acuerdo con la idea, pero no la practican.

Hay sólo una manera de que otros acepten las ideas con el subconsciente: por sugerencia. Trata da "deslizar" una idea en el subconsciente de alguien más o menos desapercibido. Serás exitoso en ganar argumentos a tal grado que tendrás éxito deslizando tus ideas sin que el ego de la otra persona se dé cuenta. El ego se para en la entrada del subconsciente de la otra persona y lo protege. Si es despertado no te dejará pasar.

Reglas para ganar argumentos:

1.- **Permítele a otros presentar su caso.** No interrumpas; recuerda que tienes que escuchar. Una persona que tiene algo que decir tiene su mente lista para hablar. Hasta que ellos han dicho su parte, ellos no están en sintonía para escuchar tus ideas. Si quieres que tus ideas sean escuchadas, escucha primero las ideas de otros.

Pedir a otros que repitan sus puntos clave es muy bueno cuando alguien está agitado. Porque si les permites se desahoguen reducirán su hostilidad.

2.- Haz una pausa antes de contestar. Esto funciona bien en la conversación cuando no hay diferencia de opiniones. Cuando te hacen una pregunta, mira a la persona y haz una pequeña pausa antes de contestar. Eso le hace saber a otros que tú consideras suficientemente importante lo que ellos han dicho.

Una pequeña pausa es todo lo que se necesita. Si la pausa es muy larga tú darás la impresión que estás renuente o evasivo. Y tienes que estar de acuerdo, una pequeña pausa es muy importante. Si respondes inmediatamente con un "no" hace sentir a la otros que no estás tan interesado para tomar el tiempo y penar en sus problemas.

3.- No insistas en ganar el 100%. Cuando entramos en una discusión, la mayoría de nosotros intentamos probar que estamos en lo correcto y que la otra persona está equivocada. Los que tienen la habilidad de persuadir siempre conceden algo y encuentran un punto en donde estar de acuerdo.

Si la otra persona tiene un punto a su favor, reconócelo. Si cedes los puntos que nos son tan importantes, es más probable que la otra persona ceda en los puntos importantes.

4.- Presenta tu caso de forma moderada y precisa. Tenemos que tener cuidado si tenemos la tendencia de exagerar cuando se oponen a nuestra ideas. La forma más efectiva para que otros cambien de opinión es presentar los hechos calmadamente.

Tal vez los métodos fuertes funcionen al inicio. Tú puedes vencer a otros, ponerlos en evidencia, al punto de que ellos no puedan decir nada más. Tú audiencia aplaude. Tú has ganado un argumento…o por lo menos así parece. Pero la otra persona no ha aceptado tu punto de vista y no va a practicar tus ideas.

5.- Habla a través de terceros. El abogado que quiere ganar un caso redondea a los testigos que testifican a tal punto que los quiere poner en el jurado. El argumento es más convincente si son descritos por terceras personas que no están interesadas. Los vendedores usan testimonios de clientes satisfechos. Los candidatos de partidos políticos solicitan endosos.

Hablar a través de terceros puede ser particularmente valioso cuando hay diferencia de opiniones y quieres que otros vean las cosas de la manera que tú las ves. Por naturaleza la gente es escéptica cuando tú dices las cosas para tu propio beneficio. Además, es menos probable que las declaraciones de terceros despierten el ego de otros. Estadísticas, historia y citas pueden ser usadas.

6.- Permite que otros defiendan su dignidad. Habrá muchas veces en las que otros cambiarán su opinión con mucho gusto y estarán de acuerdo contigo, excepto por una cosa; ellos ya han hecho un compromiso definitivo, una posición firme y no pueden cambiar su opinión de buena gana. Estar de acuerdo contigo significa admitir que ellos están equivocados.

Los persuasores hábiles saben como dejar la puerta abierta para que otros puedan escapar de su posición previa sin perder su dignidad. De otro modo, ellos se encontrarán ellos mismo prisioneros de su propia lógica. Su tú puedes persuadir a otros, no solamente los tienes que convencer, sino además saber como rescatarlos de su propio argumento.

El primer método es asumir que ellos no tienen toda la información: "si yo sentía lo mismo al principio, hasta que encontré esta información, cambié de idea." El segundo método es sugerir alguna manera en que ellos puedan pasar la información a otros.

Capítulo 10

Halagando

Los halagos sueltan energía. ¿Alguna vez te has dado cuenta que cuando alguien te da un halago sincero o te agradece por el buen trabajo que has realizado, tu espíritu parece elevarse? Los halagos nos dan energía y vida. El estímulo que recibes cuando se te halaga no es una ilusión, tampoco es tu imaginación, de alguna manera, energía física real el liberada.

Hasta este momento, tú tal vez están pensando, "¿Y qué tienes que ver los halagos con llevarse bien con la gente?" La respuesta es: todo.

Pocos de nosotros nos damos cuenta lo importante que es dar crédito a alguien por el trabajo que ha realizado. En todos lados la gente está hambrienta de halagos y reconocimiento. Cuando tú le das a otros lo que ellos desean, es más probable que ellos sean más generosos en darnos lo que nosotros queremos de ellos.

Haz un pequeño milagro todos los días. Cada vez que levantas el espíritu de alguien o empapas a alguien con más vida y energía, estás haciendo un pequeño milagro. Es muy simple. Todo lo que tienes que hacer es halagar a alguien cada día, y te darás cuenta cómo esto los habilita para que hagan lo mejor.

Un halago honesto y dar crédito en el momento adecuado no solamente hace que la gente se sienta mejor, sino les permite que sean más productivos. Cuando se comparten los bonos y beneficios en base a mérito como medio de reconocimiento el valor de la producción de la compañía mejora.

Se generoso con las declaraciones amables. No esperes hasta que la gente haga algo grande o inusual para halagarla. Si alguien te hace un pequeño favor, muéstrales tu apreciación y dales crédito diciendo, "¡Gracias!" Busca cosas por las cuales agradecer a las personas. Di esas palabras amables. Hazle saber a la gente como te sientes. Nos des por hecho que la gente sabe que tú le aprecias; díselos. Cuando tú haces saber a la gente que aprecias lo que hacen, ellas quiere hacer más y mejor.

Reglas para decir, "¡Gracias!"

1.- **El agradecimiento debe de ser sincero.** Dilo de corazón. Pon algo de vida y significado al halago. No exageres ni dejes que se vuelva una rutina. Haz que sea especial.

2.- **No balbucees, dilo con claridad.** No actúes como si te sintieras un poco avergonzado por agradecer al alguien.

3.- **Agradece a las personas por nombre.** Personaliza tu agradecimiento nombrando a las personas. Si hay varias personas en el grupo a quien quieres agradecer, no solamente digas, "Gracias a todos" díselo a cada persona por su nombre.

4.- **Mira a las personas cuando estás agradeciendo.** Si vale la pena agradecerles, vale la pena mirarlas.

5.- **Practica el agradecimiento.** Consciente y deliberadamente busca cosas por las cuales agradecer a otros.

6.- **Agradece a las personas cuando menos lo esperen.** Un "gracias" es mucho más poderoso cuando la gente no se lo espera o necesariamente sientas que lo merece.

Tú puedes estimular tu propia felicidad y deliberadamente tratar de ver cosas buenas en los demás. Al hacer esto, quitamos nuestras mentes de nosotros mismos. Nos hace menos consientes de nosotros mismos, menos auto-suficientes y más tolerantes y compresivos. Una de las cosas que puedes observar en la gente que no es feliz es que ellos son demasiado críticos. Ellos buscan deliberadamente algo para encontrar errores en otras personas. Cuando ellos cambian su actitud y ven cosas buenas, su propia felicidad aumenta.

Nadie es perfecto. De dice que cada persona tiene su lado bueno. Si hay alguien que te irrita, empieza a buscar algo por lo cual puedas elogiar a esa persona. Si te muerde quizá tengan buena dentadura, así que, elogia sus dientes. Esto no solamente cambiará la opinión de la otra persona, sino que además cambiará tu opinión.

Los aspectos más importantes de cuando halagamos a alguien son:

- **1.- El halago debe de ser sincero.** Si la adulación no es transparente no se logra nada. Siempre hay algo que merece un halago si tú lo buscas. Es mucho mejor halagar a alguien por algo pequeño pero que realmente lo digas de corazón que halagar a alguien por algo grande y no ser sincero.

- **2.- Halaga el hecho o atributo en lugar de halagar a la persona.** Halaga a las personas por lo que éstas hacen, en lugar de halagarlas por lo que son. Cuando halagas un hecho o un atributo, tu halago es más específico y se escucha más sincero. La gente sabe exactamente por que está siendo halagada.

Incrementa tu felicidad tranquilidad dando cinco halagos al día, tal como se te recomienda en el capítulo dos.

Capítulo 11

Criticando pero sin ofender

La mayoría de veces cuando les dices a las personas, "Te digo esto por tu propio bien," no es así. Estamos señalando las faltas en ellos para reforzar nuestro ego. Uno de los errores más comunes en relaciones humanas es la manera como intentamos aumentar nuestra autoestima bajando la autoestima de otros.

Sin embargo, habrán momentos en los cuales debemos de señalar errores y corregir a esos que trabajan para nosotros como empleados. Si lo haces correctamente, esto es realmente un arte, y muy pocos han aprendido a dominarlo.

Ve la crítica de una manera diferente. Porque el arte de criticar es muy poco conocida y porque la mayoría de la gente es inepta en esto, la palabra críticar deja un mal sabor en nuestras bocas. Pero el verdadero arte de la crítica no es para humillar a otros, sino para hacerlos crecer. No es para herir sentimientos, sino más bien para ayudar a la gente a que haga un mejor trabajo.

Lo esencial de la crítica exitosa:

1.- **La crítica se debe de hacer solamente el privado.** Si tú quieres que tu crítica tenga efecto, no debes de poner el ego de otros en contra tuya. Recuerda, tu objetivo es lograr buenos resultados, no desinflar el ego de los demás. Aunque tengas tus motivos y la mejor intención, lo que cuenta es como se sienten ellos. La más suave forma de criticismo, si la haces en frente de otros será resentida. Justificada o no, ellos defienden su dignidad en frente de sus compañeros.

Ya sea que lo aceptes o no, esta regla es una buena indicación para que veas tus verdaderos motivos cuando criticas. ¿Criticas solamente cuando tienes una audiencia? Si es así, el verdadero propósito no es ayudar a otros sino obtener satisfacción para tu ego.

2.- **Empieza la crítica con una palabra amable o un halago.** Las palabras suaves, lo halagos y la adulación tiene efecto creando un ambiente positivo. Pone o otros de buen humor y ellos mantendrán baja la guardia. Los elogios y halagos abren las mentes para que se diga lo que haya que decir.

3.- **Haz que la crítica sea impersonal.** Critica el hecho, no a la persona. Puedes evitar herir el ego de los demás criticando acciones y comportamiento no a la persona. Dirigiendo tu criticismo hacia sus acciones, tú los halagas y fortaleces su ego al mismo tiempo. "Por experiencia yo sé que este error no es típico de tu rendimiento habitual."

4.- **Da una solución.** Cuando tú le dices a otros lo que han hecho mal, diles cómo pueden corregirlo. El énfasis no debe de ponerse en el error, sino en la manera de corregirlo para evitar que vuelva a suceder. Una de las quejas más grandes es, "no sé lo que se espera de mí." La mayoría de la gente está ansiosa de hacer lo "correcto" si tú le dices cuál es lo "correcto."

5.- **Pide su cooperación; no exijas.** Pedir siempre trae más cooperación que exigir. "Puedes hacer estas correcciones" despierta mucho menos resentimiento cuando se dice "Haz esto nuevamente y esta vez será mejor que lo hagas bien." Llegarás mucho más lejos si tú incentivas a la gente a querer cambiar, en lugar de hacer una orden para que se haga cierta cosa.

6.- Sólo una crítica para cada ofensa. Llamar la atención por un error una vez es justificado; dos veces, es necesario; tres veces, es regaño. Recuerda, tu objetivo en criticar es: que se haga el trabajo, no ganar una pelea.

7.- Termina de una manera amigable. Si el problema no ha sido resuelto de una manera amigable, no ha sido resuelto del todo. No dejes cosas sin resolver para tratar de resolverlas después. Arréglalas y entiérralas. Termina con un voto de confianza: "Yo sé que puedo contar contigo."

TÚ debes de escribir el final de este libro.

Cuando me puse a escribir este libro, yo tenía un objetivo en mente: AYUDARTE a que mejorarás tus relaciones humanas y lograr más felicidad y éxito en la vida. Este libro no será finalizado hasta que la meta sea haya cumplido.

Pon los principios de este libro a trabajar y lograrás éxito y felicidad.

¡La mejor de las suertes!

Les Giblin

Notes

Notes

Notes

Notes

Notes

Notes

Notes

Notes

Notes

Notes